BEI GRIN MACHT SICH IHR WISSEN BEZAHLT

- Wir veröffentlichen Ihre Hausarbeit,
  Bachelor- und Masterarbeit

- Ihr eigenes eBook und Buch -
  weltweit in allen wichtigen Shops

- Verdienen Sie an jedem Verkauf

Jetzt bei www.GRIN.com hochladen und kostenlos publizieren

Anne Grimmelmann

Theoretische Grundlagen des globalen Lernens

GRIN Verlag

Bibliografische Information der Deutschen Nationalbibliothek:

Die Deutsche Bibliothek verzeichnet diese Publikation in der Deutschen National-
bibliografie; detaillierte bibliografische Daten sind im Internet über http://dnb.d-
nb.de/ abrufbar.

Impressum:

Copyright © 2007 GRIN Verlag GmbH
Druck und Bindung: Books on Demand GmbH, Norderstedt Germany
ISBN: 978-3-638-83937-2

GRIN - Your knowledge has value

Der GRIN Verlag publiziert seit 1998 wissenschaftliche Arbeiten von Studenten, Hochschullehrern und anderen Akademikern als eBook und gedrucktes Buch. Die Verlagswebsite www.grin.com ist die ideale Plattform zur Veröffentlichung von Hausarbeiten, Abschlussarbeiten, wissenschaftlichen Aufsätzen, Dissertationen und Fachbüchern.

Besuchen Sie uns im Internet:

http://www.grin.com/

http://www.facebook.com/grincom

http://www.twitter.com/grin_com

Philipps-Universität Marburg

FB: Erziehungswissenschaften

HS: Das Leben in die Schule bringen: Außerschulische Lernangebote und

erfahrungsorientierte Unterrichtsprojekte im Kontext

Globales Lernen, Umwelt und Entwicklung

Globales Lernen – Theoretische Grundlagen

Referentin:

Anne Grimmelmann

Datum: 8. Mai 2007

Inhalt

1   Einleitung

Der Begriff und das Konzept „Globales Lernen" haben sich in den letzten Jahren in der Pädagogik sehr etabliert, allein in der Internetsuchmaschine google erzielt man 1,5 Mio. Treffer bei Eingeben des Begriffs. Die Globalisierung ist allgegenwärtig, in allen Medien dauerhaft präsent, auch in der Schule bleibt die Konfrontation mit dem Thema nicht aus und die Pädagogik versucht eine Antwort auf diese Entwicklung zu finden. K. Seitz formuliert diese Anforderung folgendermaßen:

> „[...]der Globalisierungsprozess stellt Erziehungswissenschaft und Bildungspraxis vor die Aufgabe, Bildung und Lernen im erweiterten Horizont der Weltgesellschaft neu zu verorten."[1]

2   Globales Lernen – was ist das eigentlich?

Zunächst ist Globales Lernen als Sammelbegriff für alle pädagogischen Ansätze die sich auf die Globalisierung beziehen zu verstehen. In verschiedenen Quellen finden sich dazu allerdings unterschiedliche Auffassungen, hier nur eine kleine Auswahl:

(1)„Überall auf der Welt möglichst viel und umfassend von der ganzen Welt lernen um Antworten zu finden und handeln zu können (beispielsweise viele Begrüßungsformeln erlernen, um auf Eventualitäten vorbereitet zu sein)"[2]

(2)„[...]die Bedeutung des eigenen Handelns für die Probleme der Welt, die auf uns selbst zurückwirken und uns in der ‚Einen Welt' betreffen, kennen zu lernen. Der Schüler soll sensibilisiert werden für die Einsicht, dass Armut, Energieverschwendung, Schuldenlast[...] nicht mehr länger die Angelegenheiten anderer sind, sondern in der Verantwortung jedes Einzelnen liegen."[3]

(3)„Globales Lernen versteht sich als pädagogische Antwort auf globale Entwicklungs – und Zukunftsfragen."[4]

---

[1] SEITZ, K. (2002): Bildung in der Weltgesellschaft – gesellschaftstheoretische Grundlagen Globalen Lernens. Frankfurt/Main S.8
[2] TRISCH, Oliver: Globales Lernen. 2005 S.13
[3] Didaktisches Wörterbuch der Pädagogik. 2001 S.139
[4] www.globales-lernen.de letzter Zugriff am 4.Mai 2007

(4)„Globales Lernen ist transformatorisches, das heißt auf persönliche und gesellschaftliche Veränderungen gerichtetes Lernen, das sich explizit gegen wirtschaftliche, politische und gesellschaftliche Asymmetrien und strukturelle Gewaltverhältnisse auf nationaler und internationaler Ebene wendet. Globales Lernen ist nicht nur eine fächerübergreifende curriculara Konzeption, sondern eine Philosophie des Lehrens und Lernens, eine pädagogische Grundhaltung, die die Allgemeinbildung, die Bildung für alle, im Blick hat."[5]

(5)„Globales Lernen kann als die pädagogische Reaktion auf die Entwicklungstatsache zur Weltgesellschaft verstanden werden. Globales Lernen bearbeitet die Herausforderung der Globalisierung, nämlich sowohl eine Orientierung für das eigene Leben zu finden als auch eine Vision für das Leben in einer human gestalteten Weltgesellschaft zu entwickeln, und setzt diese in pädagogisches Handeln und didaktische Bemühungen um."[6]

In Großbritannien und in den USA hat sich der Begriff global education durchgesetzt, eine Definition hiervon findet sich in der International Encyclopedia of Education:

„Global learning is a teaching-learning strategy according to which students learn about global problems and acquire their knowledge in an integrative way. Global learning has two characteristics: it deals with global problems and takes a multidisciplinary teaching-learning approach."

Es geht also zum einen um die <u>Vermittlung globaler, weltweiter Zusammenhänge</u> und zum anderen um die Anwendung interdisziplinärer, globaler, <u>ganzheitlicher Lernverfahren</u>. Dabei ist die Doppelbedeutung des Begriffs „global" ganz wichtig: es bedeutet eben sowohl ganzheitlich und weltweit als auch physisch weltweit.

Globales Lernen kann also definiert werden als pädagogische Antwort auf die Globalisierung. Praktisch gesehen ist handelt es sich um die Weiterentwicklung des Dritte-Welt-Unterrichts und der entwicklungsbezogenen Bildung. Inhaltlich und methodisch ist es ganzheitlich orientiert und vermittelt interdisziplinär, also fächerübergreifend, Wissensinhalte zu Eine-Welt-Themen.

---

[5] SELBY, David/RATHNOW, Hanns-Fred: Globales Lernen, Praxishandbuch für Sek I und II. Berlin 2003, S.9f
[6] SCHEUNENPFLUG, Annette/SCHRÖCK, Nikolaus: Globales Lernen, Einführung in die pädagogische Konzeption zur entwicklungsbezogener Bildung. Stuttgart 2000. S.10

3 Ziele

Essentielles Ziel des Globalen Lernens ist die Erziehung zur Weltoffenheit. Prinzipiell umfasst der Begriff Globales Lernen pädagogische und didaktische Entwürfe und es handelt sich um kein geschlossenes Konzept. Ziel ist es, eben durch diese konzeptionelle Offenheit und Vielfalt der Entwicklung zur Weltgesellschaft in pädagogischer Theorie und Praxis Rechnung zu tragen. Die Pädagogik setzt dabei vor allem auf Kompetenzbildung für grenzüberschreitende Verständigungsprozesse.

4 Hintergründe

4.1 Räumlich

In der heutigen Zeit holen die Medien die Welt ins Wohnzimmer, Fernsehen, Internet und Printmedien machen alle politischen und gesellschaftlichen Ereignisse aus aller Welt immer und für jeden zugänglich. Die weltumspannende Vernetzung der Lebenswelten hat ein historisch nie gekanntes Ausmaß erreicht. So ist die Menschheit unweigerlich zu einer globalen Schicksalsgemeinschaft zusammengewachsen. Hinzu kommt das exponentielles Bevölkerungswachstum der Menschheit, und die mannigfaltigen Folgen die die Globalisierung mit sich bringt, beispielsweise die Migration und Flucht aus benachteiligten Ländern in solche die man als privilegiert bezeichnen könnte. Die Liste der Beispiele könnte sich noch endlos fortsetzen. Anders als noch vor 30 Jahren, wachsen Kinder und Jugendliche unter anderen gesellschaftlichen Rahmenbedingungen auf: Massenmedien sind ständig präsent, die Faszination fremder Länder und Kulturen (und die Möglichkeit selbst dorthin zu reisen), aber auch globale Krisen, Umweltkatastrophen (aktuell und wahrscheinlich zukünftig dauerhaftes Thema: Klimawandel) und Kriege sind Themen von hoher Aktualität. Diesen Veränderungen muss sich auch die Pädagogik stellen und darauf entsprechend reagieren.

4.2 Sozial:

Nicht nur räumlich, sondern auch sozial hat sich die Situation in der Weltgesellschaft gewandelt. Ein Übergang von sozialer Homogenität zur „Heterogenität als Normalität" ist festzustellen. Besonders der Konfrontation mit den Folgen der Migration und der Tatsache, dass unterschiedlichste Kulturen, Traditionen, Sprachen etc. im gleichen Lebensraum existieren und dies zu Spannungen führen kann, muss Rechnung getragen werden. Man kann also von einer „hohen kulturellen Heterogenität und extremen sozialen Disparität;" sprechen, d.h. wir sind alle verschieden und die Schere zw. Arm und reich geht immer weiter auseinander. Um diesen Phänomenen angemessen entgegenzukommen, müssen bestimmte Kompetenzen erworben werden, die zuvor in diesem Ausmaß nicht erforderlich waren.

5   Wozu Globales Lernen?

Was soll Globales Lernen nun erreichen, welche Kompetenzen sollen konkret geschult werden? Insgesamt geht es darum, Schülerinnen und Schüler zu   mündigen, verantwortungsbewussten, lernfähigen und mitgestaltungsfähigen Weltbürgern zu erziehen. Ziel ist es dabei immer, sogenannte Schlüsselkompetenzen zu vermitteln. Dazu zählen:

- globale Sichtweise
- vernetztes Denken
- Umgang mit unterschiedlichen Sprachen aber auch mit
- Nichtverstehen
- Konfliktfähigkeit
- Empathievermögen
- Gerechtigkeitssinn
- Selbstreflexionsvermögen
- Solidaritätsfähigkeit
- Selbstvertrauen,...

5.1 Konkrete Themen

Der Terminus Globales Lernen fungiert dabei als Sammelbegriff für bereits bestehende und zukünftige pädagogische Reaktionen auf die Entwicklung der Weltgesellschaft. Dazu gehören:

- entwicklungspolitische Bildung
- Friedenspädagogik
- interkulturelle Pädagogik
- Umweltbildung
- ökumenisches Lernen
- Menschenrechtserziehung u.a.

Konkrete Themen sind z. B.

Menschenrechte, globale Gerechtigkeit, Kinderarbeit, Fairer Handel, Welternährung, Nachhaltiger Tourismus, globale Krisenprävention, Ursachen und Folgen des exponentiellen Bevölkerungswachstums etc.

6 Globales Lernen in der Praxis

In der Schule kommt Globales Lernen v. a. in den Fächern Geografie, Sozialkunde und Deutsch, aber auch fächerübergreifend zum Tragen. Auch in Projektwochen, durch Schulpartnerschaften, auf Klassenfahrten und Wandertagen oder in Arbeitsgemeinschaften kann es zum Einsatz kommen. Viele Nichtregierungsorganisationen stellen eine umfangreiche, vielfach sogar kostenfreie, Palette an sehr aufwendig erarbeitetem und gut durchdachtem Material zur Verfügung (z. B. Brot für die Welt) das man im Unterricht einsetzen kann. Auch via Internet kann man sich viele Ideen holen und gegebenenfalls Kontakte knüpfen.

1. Weiterführende Informationen

Folgende Internetseiten zeigen exemplarisch die vielfältigen Möglichkeiten auf, die Globales Lernen beinhaltet.

1) www.globales-lernen.de

Hier handelt es sich um einen Zusammenschluß von Hamburger Bildungseinrichtungen zum Thema Globales Lernen. Die Internetseite bietet Materialien und Literatur zu diversen Themen z.B. Fairer Handel, Kinderarbeit und Menschenrechte.

2) www.globlearn21.de

Hier finden sich umfassende Infos und viele Links zu Unterricht, Themen und Problemfeldern, z.B. *Fußball-WM 2006 als Thema Globalen Lernens* oder *Schüleraustausch mit Israel-Palästina: Kontakte und Tips*

3) www.eine-welt-netz.de

Die Seite bezeichnet sich selbst als „zentrale Einstiegsseite zum Globalen Lernen".

Entworfen hat die Seite ein Zusammenschluß von Organisationen und Institutionen die über das Internet Angebote zur entwicklungsbezogenen Bildung machen. Es wird über aktuelle Veranstaltungen, Kampagnen und Aktionen landesweit informiert. Außerdem gibt es viele kommentierte Links zu allen Organisationen sowie online-Dokumente zu relevanten Themen die man sich herunterladen kann.

7 Literatur:

1. FORGHANI-ARANI, N.: „Globales lernen". In: Globales lernen – Politische Bildung. Beiträge zu einer nachhaltigen Entwicklung 2005

2. SCHEUNENPFLUG, Annette/SCHRÖCK, Nikolaus: Globales Lernen, Einführung in die pädagogische Konzeption zur entwicklungsbezogener Bildung. Stuttgart 2000. S.10

3. SELBY, David/RATHNOW, Hanns-Fred: Globales Lernen, Praxishandbuch für Sek I und II. Berlin 2003, S.9f

4. SEITZ, K. (2002): Bildung in der Weltgesellschaft – gesellschaftstheoretische Grundlagen Globalen Lernens. Frankfurt/Main

5. TRISCH, O.: Globales Lernen. Chancen und Grenzen ausgewählter Konzepte. Oldenburg 2005

6. http://www.friedenspaedagogik.de/themen/globales_lernen__1 Zugriff am 27.4.2007

7. http://www.brot-fuer-die-welt.de/schule-aktiv/index.php?/schule-aktiv/129_1517_DEU_HTML.php zugriff am 25.4.2007

8. http://www.globales-lernen.de Zugriff am 4.5.2007

9. http://www.globlearn21.de Zugriff am 4.5.2007

10. http://www.eine-welt-netz.de Zugriff am 4.5.2007